DES FINANCES

DE LA FRANCE,

AVANT ET APRÈS LA RÉVOLUTION DE JUILLET.

PARIS, IMPRIMERIE DE COSSON,
Rue Saint-Germain-des-Prés, n. 9.

DES FINANCES
DE LA FRANCE,

AVANT ET APRÈS LA RÉVOLUTION DE JUILLET;

Par M. le vicomte DE SULEAU.

Il faut le reconnaître, nos finances ne sont pas dans un état prospère.

M. HUMANN, séance du 30 novembre 1832.

PRIX : 1 FR. 25 C.

PARIS.

DENTU et DELAUNAY, LIBRAIRES,
PALAIS-ROYAL.
GABRIEL WARÉE, ET TOUS LES LIBRAIRES DU QUAI VOLTAIRE.

1832.

DES FINANCES

DE LA FRANCE,

AVANT ET APRÈS LA RÉVOLUTION DE JUILLET.

L'empire trahi par la victoire nous avait légué une dette de deux milliards; les prodigalités de la restauration ont plus que doublé le fardeau, a dit M. Humann dans la séance du 3o novembre, en apportant à la Chambre des Députés le budget de 1833.

M. Humann, qui sait le fond des choses, avait traité bien légèrement la Chambre des Députés en parlant devant elle comme s'il ne savait rien; il vient de traiter plus légèrement encore la Chambre des Pairs dans sa séance du 14 décembre, en lui disant que la restauration ne nous a légué que des dettes, qu'elle seule nous a donné le poids accablant qui pèse sur nos finances.

Que M. Humann se soit laissé aller à parler ainsi devant la Chambre des Députés, cela s'explique par le vide que laisse dans cette Chambre une opinion tout entière qui n'y est pas représentée; mais à la Chambre des

Pairs, où M. Humann avait devant lui deux anciens ministres des finances de la restauration, qui ne sont nullement tentés de le renier, et quelques-uns des hommes spéciaux qui s'honorent d'avoir pris part à ses affaires, il eût été habile, il était même indispensable de montrer plus de probité politique.

Dans une question qui devait être maintenue au dessus du niveau des partis, M. Humann a sacrifié à sa situation et à la moins bonne portion de son auditoire la vérité qu'il connaît très-bien, nous n'en doutons pas. Mais en matière de finances, et sous un régime protégé par la publicité contre la mauvaise foi, par quelque bouche qu'elle parle, la vérité, trahie par des paroles officielles, est bientôt vengée et rétablie par des chiffres et des documens plus officiels encore.

C'est à l'aide de ces chiffres et de ces documens qu'il nous sera facile de faire justice de l'étrange assertion par laquelle le nouveau ministre des finances de la révolution de juillet s'est efforcé de rendre la restauration responsable de plus de deux milliards dans la quotité de notre dette publique.

Nous examinerons ensuite la situation financière de la France, telle que l'avait faite la restauration, telle enfin qu'elle se trouvait résumée dans le rapport adressé au roi en mars 1830, par M. le comte de Chabrol, alors ministre des finances. Rien n'a été omis dans ce rapport, triste et brillant inventaire de tant de prospérités qui arrivaient à leur terme, monument administratif qu'une main prévoyante se hâtait d'élever sur la limite de deux époques et de deux régimes.

Il ne nous restera plus enfin qu'à constater ce qu'est devenue cette même situation financière depuis le 7 août 1830, sous l'empire des circonstances amenées par la révolution de juillet, et ce qu'elle doit devenir inévitablement, si les mêmes circonstances se compliquent et se prolongent.

Presque toutes les questions que nous allons parcourir viennent d'être abordées à la tribune de la Chambre des Pairs par M. le marquis de Brézé, avec une élévation et une franchise de langage au niveau de laquelle M. le ministre des finances n'a pas jugé à propos de se placer dans sa réponse; mais elles se trouveront reproduites ici dans toute leur spécialité, et avec tous les développemens qui ne peuvent entrer dans le cadre d'une discussion parlementaire.

La Cour des Comptes, dans son rapport sur

les comptes de l'année 1830 [1], a constaté, d'après
les nombreux documens qui ont été mis sous ses
yeux, et dont elle a fait l'analyse et le contrôle,

1°. Que les rentes inscrites antérieurement
à 1814 s'élevaient à. . . . . 63,307,637 fr.

2°. Que celles qui y ont été
ajoutées pour l'arriéré sont de. . 31,545,387

Pour la liquidation des biens
des communes, conformément à
la loi de 1813, de. 2,631,389

Pour les dépenses des deux invasions étrangères, de. . . . 95,844,187

Et ont produit ensemble une
augmentation de. 130,020,963

3°. Qu'en conséquence le montant de la dette contractée par
suite des événemens et des guer-
res antérieures à 1815, a été de 193,328,600

Cette somme de rentes représente un capital
de près de quatre milliards, et forme, d'après le
témoignage irrécusable de la Cour des Comptes,
la totalité de la dette inscrite par suite des événemens qui ont précédé la restauration de 1815.

La Cour des Comptes n'a pas compris, comme

[1] Rapport au roi sur les comptes de 1830, chapitre 6,
page 61.

on le voit, dans le passif légué à la restauration par tous les régimes qui l'ont précédé, un déficit du trésor de plus de 100 millions [1], provenant de l'excédant de dépense au 1er avril 1814, et qu'il a fallu couvrir alors par des emprunts faits aux correspondans et aux porteurs des bons de l'ancienne caisse de service.

Après avoir ainsi fixé à plus de 193 millions [2] la dette publique provenant de faits antérieurs à la restauration, la Cour des Comptes ajoute :

4°. Que cependant les rentes restant à racheter au 1er janvier 1831 , n'étaient plus que de. . . . . 166,963,960 fr.

5°. Et qu'ainsi nonobstant les 39 millions de nouvelles rentes créées par l'indemnité des émi-

---

[1] Rapport au roi sur l'administration des finances en 1830, troisième partie, page 157.

[2] Il importe de faire remarquer ici que les 95,844,187 fr. qui figurent sur cette somme pour les dépenses des deux invasions, n'ont pas été payés aux puissances étrangères à titre d'impôt de guerre, mais représentaient en grande partie le paiement des dettes contractées par la France pendant la révolution avec les sujets des puissances dont elle avait envahi le territoire. Qu'ainsi les sommes payées par la France pour ces dettes ne sont pas tombées dans les caisses des gouvernemens étrangers, mais ont été réparties entre leurs sujets titulaires de ces créances, conformément aux principes et aux règles du droit civil.

grés, les expéditions d'Espagne et de Morée, et autres besoins extraordinaires, l'influence de l'ordre et d'une longue paix avait permis de réduire nos engagemens extraordinaires de . . . . 26,364,640 fr. de rente, qui représenteraient un capital de 527,298,800 fr., prélevés pendant le cours de quinze années sur les excédans de nos revenus extraordinaires.

Ainsi, non-seulement la restauration succédant à un régime qui lui a fait supporter tout à la fois le poids de ses anciennes dettes, les exigences de ses derniers efforts et tous les tributs attachés à une double invasion étrangère, a ouvert le grand livre de la dette publique à tous les droits acquis, quelle qu'en fût l'origine, et soldé tous les créanciers de la révolution avec une fidélité qu'ils n'auraient jamais obtenue d'elle; mais sur les 193 millions de rentes dont elle s'est grevée elle-même pour le compte de tous les régimes antérieurs, elle est parvenue à éteindre plus de 26 millions de rentes perpétuelles; elle y est parvenue par la puissance d'un amortissement qui, doté de 20 millions par la loi de 1816 au milieu des circonstances les plus difficiles, s'est élevé, par des rachats successifs, au 1ᵉʳ janvier 1831, à la somme de 81,137,164 fr., et dépasse aujourd'hui celle de 89 millions.

C'est ainsi que, par une prévoyance chaque jour plus appréciée, la restauration a placé dès le principe à côté de la dette qu'elle avait acceptée, l'utile contre-poids d'une véritable caisse d'amortissement, qu'il ne faut pas confondre avec l'ancien établissement de ce nom, qui sous l'empire n'avait été qu'une succursale du trésor et son comptoir intermédiaire pour diriger l'emploi et la perception de certains fonds spéciaux, et pour faciliter le dépôt, souvent même la confiscation des deniers des communes et des départemens.

Cet amortissement doté de plus de 80 millions par les judicieuses épargnes de la restauration, ayant racheté plus de 10 millions d'effets publics pendant les années 1831 et 1832, il faut évaluer au moins à 36 millions le montant des anciennes rentes dont la restauration a dégrevé la France.

Or les 36 millions de rente rachetés par la restauration balançant, à 3 millions près, les 39 millions de nouvelles rentes émises par elle pour l'indemnité des émigrés, l'expédition d'Espagne et de Morée et quelques autres dépenses, on voit combien ont été faibles les nouvelles charges que la restauration a dû imposer à la France pour mener à bien de glorieuses entreprises, et faire disparaître, dans le double intérêt du repos et de la richesse de la France, les derniers résultats d'une grande spoliation qui depuis la fin de nos discordes civiles pesait sur la conscience publique, et dépréciait même après toutes les garanties de la Charte, une partie des propriétés immobilières de la France.

Il est évident que la restauration ayant éteint, depuis 1814, à peu près autant de rentes qu'elle en avait émises pour son compte, elle pouvait, au moment où elle a succombé, mettre au nombre des épargnes dont la France lui était redevable, les 37 millions de rentes qui figuraient alors sur le livre de la dette publique pour le compte de la caisse d'amortissement, et qui formaient la dotation de cette caisse, concurremment avec le fonds annuel de 41 millions qui lui était alors affecté.

Il est donc évident qu'en restituant, comme il y a lieu, à la révolution et à l'empire, les 193 millions de rentes dont la restauration s'est grevée pour leur compte, on a peine à comprendre comment M. Humann a pu venir attribuer publiquement aux prétendues prodigalités de la restauration, la responsabilité d'un fardeau de plus de 2 milliards qui, d'après des faits irrécusables pour lui comme pour la France entière, ne pouvait être séparé de 2 autres milliards de dettes légués à la France par la révolution dans toutes ses vicissitudes depuis la république jusqu'à l'empire.

En rendant les prodigalités de la restauration responsables de ces deux milliards, M. Humann n'a pas compris la portée de ses paroles ; il n'a pas senti que c'était attaquer la restauration sur l'un de ces points les plus invulnérables, celui de la consciencieuse et politique résignation avec laquelle elle a accepté tous les engagemens du passé. Point de milieu, cependant ; il fallait qu'elle agît ainsi, ou qu'elle demandât des exemples aux opérations financières de l'empire qui se sont bornées si souvent à la consolidation forcée des créances qui excédaient les ressources affectées à chaque exercice ; ou que, rétrogradant encore plus loin dans des voies de violences et d'iniquité, elle suivît l'exemple du gouvernement révolutionnaire qui, antérieurement à 1800, fit descendre à 42 millions, en la réduisant des deux tiers, la dette nationale qui s'était alors élevée à près de 175 millions.

Tels n'étaient certainement ni le vœu, ni la pensée de M. Humann ; mais il faut qu'il sache bien qu'un ministre des finances a toujours intérêt à rester dans la région des chiffres et des faits, et ne doit pas plus prodiguer ses paroles que sa signature.

Force lui est donc de reconnaître qu'il faut évaluer à plus de 4 milliards la totalité des charges imposées à la restauration par tous les régimes antérieurs, et que l'un de ses plus beaux titres aux yeux de la postérité sera de n'avoir pas fléchi sous un pareil fardeau, accepté dès le principe avec une confiance et une bonne foi qui ne se sont jamais démenties, et qui ont fondé le crédit de la France sur ses véritables bases.

La restauration ne s'est pas bornée à satisfaire à tous les engagemens du passé, ainsi que nous venons de le démontrer; mais, sous les auspices du régime qu'elle avait établi, le produit des taxes indirectes s'accroissant chaque jour avec la valeur vénale des propriétés, avec l'activité des relations commerciales, avec la fréquence des échanges, avec l'abondance de toutes les consommations, a doté le budget d'une plus-value annuelle de 212 millions, prélevés sans contrainte sur des bénéfices qui amélioraient le sort de tous les contribuables avant de refluer au trésor.

Cette augmentation, dans le produit des taxes indirectes, devait réagir favorablement sur l'agriculture, en rendant possibles à son profit 92 millions de dégrèvemens successifs sur l'impôt direct, qui se sont ajoutés à ses revenus, et à la valeur capitale de ses immeubles.

La restauration, qui fécondait ainsi toutes les sources de la richesse publique, a voulu aussi que l'emploi en fût réglé par des principes fixes d'ordre et de régularité. Elle avait jeté, dès 1814, les fondemens d'un nouveau système de comptabilité qu'elle a conduit à un degré de perfection qui n'a jamais eu de modèle chez aucun peuple. Système que le ministre habile, qui a le plus contribué à ses progrès, a si heureusement défini, en disant qu'il était désormais impossible qu'il y eût en France un ministre des finances malhonnête homme.

C'est depuis lors que la sévérité des règles, la précision des écritures et la clarté des résultats ont procuré au trésor une épargne annuelle que l'on peut évaluer à plus de 80 millions, et qui a été obtenue sans secousse par des réformes et des simplifications successives opérées dans chaque ministère.

C'est depuis lors que l'impôt, à peine sorti de la main du contribuable, est devenu productif pour l'état en passant de suite dans la main de ses créanciers.

C'est depuis lors que des écritures incomplè-
tes et arriérées ont été remplacées par une comptabilité constamment à jour, prête à donner son
bilan à l'expiration de chaque mois, et qui se
contrôle à la fin de l'année par les déclarations
de la Cour des Comptes, et le vote des Chambres
législatives.

C'est depuis lors que tout accès à l'envahisse-
ment d'un nouvel arriéré a été fermé par des dis-
positions si précises que, sur une somme de près
de 15 milliards consacrés depuis 1814 jusqu'en
1829 à tous les services publics, il ne restait plus
que 1,300,000 francs de liquidations non soldées
au 1ᵉʳ janvier 1830 [1].

Ces règles protectrices de la fortune publique
ont été également appliquées à la comptabilité
des communes et des établissemens de bienfai-
sance ; et les fonds disponibles déposés pour le
compte des communes se sont élevés, pendant le
cours de quelques années, de la faible somme
de 4 millions à plus de 66 millions.

On ne peut donc nier, n'en déplaise à M. Hu-

---

[1] Lois du 23 septembre 1814, du 25 mars 1817, du 27
juin 1819 ; ordonnances du 18 novembre 1817, du 8 juin
1821, du 14 juin 1822, des 27 et 29 décembre 1823, 14
décembre 1824, 23 décembre 1829.

mann, qu'une ère nouvelle de progrès et de pro-
spérité n'ait été ouverte à la France par une
époque dont les titres en matière de finances
peuvent se résumer ainsi : 193 millions de rentes
payés à tous les créanciers de nos anciens dés-
ordres, 212 millions de plus obtenus sur le produit de nos taxes indirectes, 92 millions de dégrèvement accordés à la propriété foncière, un
fond de 80 millions acquis ou affecté à l'amortissement; plus de 80 millions d'économie ou de
plus-value réalisés par des réformes bien enten-
dues et d'heureuses innovations introduites dans
tous les rouages du recouvrement et de l'administration de la fortune publique; la somme de la
dette flottante couverte au moyen d'une somme
égale due par l'Espagne, la vente des bois de l'é-
tat sagement arrêtée; le cours des effets publics
élevé, on peut le dire, de 55 à 122 par le dernier
emprunt à 4 pour cent conclu en 1830 à 102;
enfin la valeur du sol de la France augmentée de
plusieurs milliards, par suite de l'augmentation
du cours des effets publics, de l'exubérance des
capitaux, de la baisse du numéraire et de la
puissante influence d'une loi qui a relevé une
grande masse de la propriété foncière du discré-
dit que l'opinion publique faisait encore peser
sur elle. La restauration aura ainsi doté les aqué-

reurs des biens nationaux d'un capital presque égal de moitié à la valeur de l'indemnité qu'elle a accordée aux anciens propriétaires.

Ces résultats féconds déjà réalisés en appelaient d'autres.

D'après des calculs positifs, cinquante ans devant suffire pour éteindre les 7 millons de rentes viagères qui nous restaient en 1830, et trente ans pour nous rendre 27 millions sur le crédit des pensions militaires, cette économie graduelle de 34 millions nous promettait chaque année un tribut de près de 2 millions. Et voilà que par suite de toutes les prétentions réveillées contre le trésor, par la révolution de juillet, les pensions se trouvent, après deux années, maintenues à peu près au même chiffre, et la France se trouve ainsi privée de 3 millions environ d'économie qui lui était assurée en deux années sur cette partie de la dette.

En 1830, l'élévation du cours des rentes, et le droit reconnu par l'opinion publique au trésor de se libérer au pair, devaient, d'après le système auquel on s'était arrêté pour la conversion des rentes et pour la distribution des fonds qui seraient devenus disponibles sur l'amortissement, ajouter 73 millions aux ressources annuelles du trésor, dont 26 millions réalisés par la conversion des rentes, et 43 par la disponibilité d'une partie de la dotation de l'amortissement.

Sur les 73 millions, 20 devaient être alloués en dégrèvement sur les contributions indirectes, et spécialement sur l'impôt des boissons; 40 autres millions pouvaient alors être consacrés, chaque année, à l'achèvement des routes et des canaux, et à l'établissement en grand de ce nouveau système de communications dont les deux agens principaux, le fer et la vapeur, doivent changer au profit de l'industrie humaine toutes les anciennes données de temps et de distance.

9 millions restaient encore libres pour augmenter la dotation de différens services, et principalement celui du ministère de la guerre pour la réparation des places fortes, et le complément de notre système défensif.

Mais il ne faut pas perdre de vue qu'il n'est pas un seul service public qui n'eût déjà été augmenté par la restauration; que celui des pont-et-chaussées l'avait été de 6 à 7 millions, celui des cultes, de 12 millions; que le département de la guerre avait été porté, de 172, à 205 millions, et celui de la marine, de 44, à 65; qu'il résulte enfin du rapport publié depuis 1830, par le ministère de la guerre, que le matériel de la guerre et l'armement des arsenaux ont été augmentés par la restauration d'une valeur de 187 millions. Sont-ce là encore les prodigalités signalées par M. Humann ?

Nous venons de rappeler sommairement tout ce que la restauration avait fait pour les finances de la France; nous avons indiqué ce qu'elle était sur le point de faire encore, à la veille de la catastrophe qui a tout remis en question dans notre pays. La restauration aurait-elle fait davantage en suivant d'autres voies en politique et en administration, en brisant la centralisation, en sortant du cercle tracé par l'organisation administrative du 8 pluviôse an 9? C'est ce que nous n'avons point à examiner en ce moment; nous avons dû prendre le système financier de la restauration tel qu'il a été, tel qu'il devait être d'après son système politique : deux systèmes qui réagissent l'un sur l'autre, mais dont l'un est nécessairement commandé par l'autre.

Il ne nous reste plus, pour faire la part de deux époques et de deux régimes, pour trancher de plus en plus la ligne qui les sépare, qu'à opposer au système financier de la restauration celui de la révolution de juillet, si l'on peut appeler de ce nom un système de dépense et de recette dans lequel le déficit est un état normal et habituel, dans lequel l'avenir est sacrifié sans compensation aux nécessités du présent, ainsi que le prouve le résumé suivant des ressources extraordinaires réclamées par le budget des exercices 1830, 1831, 1832 et 1833, résumé qui commence par un excédant du dernier budget réglé par la restauration.

	1830.	1831.	1832.	1833.
Excédant de recettes de l'exercice 1829 (1).	11,743,000	»	»	»
Trésor d'Alger.	49,000,000	»	»	»
3o cent. sur la foncière.	»	46,443,000	»	»
Retenues sur les traitemens.	»	6,499,000	3,220,000	»
Crédits extraordinaires en rentes ou en bois.	»	304,000,000	75,000,000	»
Déficit.	63,717,000	»	50,893,000	167,000,000
	124,460,000	356,942,000	129,113,900	167,000,000

777,515,000

Les déficits successifs de trois exercices auront donc entraîné à la fin de 1833 une consommation de plus de 777 millions de ressources extraordinaires, et, pour ne pas dépasser ce

---

(1) Page 36, proposition de loi pour le règlement définitif de 1830.
Page 104, *idem* pour 1831.
Page 116, *idem* pour 1832.
Rapport au roi de 1830, Cour des Comptes, page 58.

2

chiffre, nous sommes obligés d'accepter pour le déficit de 1833 l'évaluation de M. Humann, évaluation tout-à-fait hypothétique, avant de savoir à quel taux s'éleveront et par qui seront supportés les frais du siége de la citadelle d'Anvers et du déploiement de troupes si dispendieux par lequel il a fallu appuyer cette opération.

Les causes qui ont amené cette effrayante consommation des ressources de la France venant à se prolonger, comment y pourvoira-t-on, après la vente des bois de l'état et la détérioration du crédit? On ne peut toucher à l'amortissement sans rendre cette détérioration plus grave, sans rendre les conditions des emprunts plus onéreuses; ce qui ferait perdre d'une main ce qu'on aurait gagné de l'autre.

On ne peut songer sérieusement à la conversion des rentes 5 pour 100 dans l'état actuel des choses; car cette opération épineuse et controversable, même aux époques d'ascension du crédit, n'était possible pour la restauration que par un concours de circonstances qui lui étaient propres, et qui ont fini avec elle. Une semblable opération n'est praticable que dans les époques de sécurité profonde. Elle devient impossible ou périlleuse, toutes les fois que de grandes émotions politiques peuvent agir sur la place.

Quoi qu'il en soit, M. Humann, s'il faut l'en croire, ne se décourage pas. Il compte sur les trois mois qui nous séparent de l'époque à laquelle il doit apporter aux chambres le budget de 1834, pour compléter ses études financières, entrer dans des voies nouvelles, et songer alors sérieusement à laisser quelque trace utile de son passage dans l'administration de la fortune publique.

Les ministres qui depuis deux ans ont précédé M. Humann à la même tribune avaient sans doute les mêmes espérances, la même bonne volonté; qu'en est-il advenu?

Pourquoi livrer à d'autres des espérances qu'on ne partage pas? c'est aussi une sorte de fausse monnaie, et ce n'est pas à un ministre des finances à la mettre en circulation. Les excédans de dépenses du budget de 1834 ne sont-ils pas écrits d'avance dans les causes qui ont amené les excédans de dépense de tous nos budgets depuis 1830?

Ne serait-il pas plus digne d'apporter en silence un budget qui dît tout par l'énormité de son chiffre, et la disproportion des recettes et des dépenses? Mieux vaudrait se résigner et

se taire, puisque l'on n'ose confesser hau-
tement les misères et les impossibilités de sa
situation ; puisque l'on n'ose pas encore procla-
mer que nous n'avons jusqu'à présent, du 1688
de l'Angleterre, qu'une surcharge annuelle de
plus de 200 millions d'impôts qui nous rappro-
che des 1370 millions que l'Angleterre paie
annuellement.

Mais c'est en vain que l'on s'efforce de tenir
la lumière sous le boisseau, elle jaillit de toutes
parts, elle pénètre partout, et la France s'in-
struit elle-même sans le secours des assemblées
et des ministres. Elle sait maintenant à combien
de millions il faut évaluer le titre qui manque
aux monarchies électives, aux gouvernemens
de circonstances et d'exception ; elle comprend
que le droit est un élément de richesse aussi
bien qu'un principe de justice, et que tout gouvernement qui ne peut mettre en œuvre qu'une
partie des forces politiques du pays, ne peut
mettre en œuvre aussi qu'une partie de ses forces agricoles, commerciales et industrielles,
véritable expression de ses forces financières.

FIN.